La Agenda De DIOS para Sur América

Con el Evangelista
José Herrera

AAPA Internacional

"Mi Siervo, por aquí tienes que ir a predicar lo que he hecho en tú vida".

RESPONDIENDO A MI LLAMADO DEL SEÑOR A SUR AMERICA

Muy amado del Señor, la paz y bendición de nuestro Dios sea sobre usted, familia y Ministerio. Gracias por estar hoy aquí en esta importante reunión donde asuntos del Reino de nuestro Señor y Dios para su Nación serán discutidos. Usted al igual que yo hemos sido llamados y escogidos para este momento profético que nos ha tocado vivir.

Antes de la pronta venida del Señor Jesucristo por su Iglesia, Dios tiene a Sur América en su agenda para realizar manifestar el avivamiento jamás visto en su tierra. Esto como una última gran oportunidad que será determinante en el destino de millones de almas perdidas. La mies está madura y lista para ser segada.

Vengo a su país obedeciendo al llamado que en revelación recibí del Señor. En mi experiencia me vi junto a un Anciano de cabellos y vestiduras blancas el cual estaba sentado y sosteniendo un mapa de Sur América en sus faldas me dijo estas palabras: *"Mi Siervo, por aquí tienes que ir a predicar lo que he hecho en tú vida"*.

La misión que recibí personalmente del Señor es predicar lo que él ha hecho en mi vida y la experiencia que me permitió tener sobre lo inminente de su venida. Las mismas estoy plenamente convencido que serán de edificación al Cuerpo de Cristo, la salvación de miles de perdidos y la restauración de muchos que una vez fueron llamados y fueron heridos en el campo de batalla. Les anuncio que han llegado los días de restitución y recompensa de nuestro Dios para su pueblo como preambulo al acontecimiento tan esperado por los santos: el gran día de nuestra redención.

Esperando contar con su respaldo en las próximas Campañas Evangelísticas y actividades que estaremos realizando en su patria que es "Mi Tierra Prometida", SUR AMÉRICA, queda de usted, al servicio del Señor.

Evangelista José Herrera
Llamado a ser apóstol de Jesucristo por voluntad de Dios

Agenda 2014
De

Ministerio _____

Dirección _____

_____

Teléfono _____

Email _____

"Y él mismo constituyó a unos, Apóstoles; a otros, Profetas; a otros; Evangelistas; a otros, Pastores y Maestros, a fin de perfeccionar a los santos para la obra del Ministerio, para la edificación del cuerpo de Cristo, hasta que todos lleguemos a la unidad de la fe y del conocimiento del Hijo de Dios, a un varón perfecto, a la medida de la estatura de la prenitud de Cristo;..." Efesios 4:11-13

Enero 2014

Domingo	Lunes	Martes	Miercoles	Jueves	Viernes	Sábado
29	30	31	1	2	3	4
5	6	7	8	9	10	11
12	13	14	15	16	17	18
19	20	21	22	23	24	25
26	27	28	29	30	31	1

"Mi comida es que haga la voluntad del que me envió, y que acabe su obra. ¿No decís vosotros; Aún faltan cuatro meses para que llegue la siega? He aquí os digo; Alzad vuestros ojos y mirad los campos, porque ya están blancos para la siega". Juan 4:34-35

PLAN DE TRABAJO

_____
_____
_____
_____
_____
_____
_____
_____
_____
_____
_____
_____
_____
_____
_____
_____
_____
_____
_____
_____
_____
_____
_____

CONTACTOS

Nombre _____ Cel _____

Nombre _____ Cel _____

Nombre _____ Cel _____

Nombre _____ Cel _____

Nombre _____ Cel _____

Nombre _____ Cel _____

Nombre _____ Cel _____

Nombre _____ Cel _____

Nombre _____ Cel _____

Nombre _____ Cel _____

Febrero 2014

Domingo	Lunes	Martes	Miercoles	Jueves	Viernes	Sábado
26	27	28	29	30	31	1
2	3	4	5	6	7	8
9	10	11	12	13	14	15
16	17	18	19	20	21	22
23	24	25	26	27	28	1

"Porque en esto es verdadero el dicho: Uno es el que siembra, y otro el que siega. Yo os he enviado a segar lo que vosotros no labrasteis; otros labraron, y vosotros habéis entrado en sus labores". Juan 4:37

PLAN DE TRABAJO

_____
_____
_____
_____
_____
_____
_____
_____
_____
_____
_____
_____
_____
_____
_____
_____
_____
_____
_____
_____
_____
_____
_____

CONTACTOS

Nombre _____ Cel _____

Nombre _____ Cel _____

Nombre _____ Cel _____

Nombre _____ Cel _____

Nombre _____ Cel _____

Nombre _____ Cel _____

Nombre _____ Cel _____

Nombre _____ Cel _____

Nombre _____ Cel _____

Nombre _____ Cel _____

Marzo 2014

Domingo	Lunes	Martes	Miercoles	Jueves	Viernes	Sábado
23	24	25	26	27	28	1
2	3	4	5	6	7	8
9	10	11	12	13	14	15
16	17	18	19	20	21	22
23	24	25	26	27	28	29
30	31	1	2	3	4	5

¡Cuán hermosos sos sobre los montes los pies del que trae alegres nuevas, del que anuncia la paz, del que trae nuevas del bien, del que anuncia la paz, del que publica salvación, del que dice a Sion; ¡Tu Dios reina! Isaías 52:7

PLAN DE TRABAJO

_____
_____
_____
_____
_____
_____
_____
_____
_____
_____
_____
_____
_____
_____
_____
_____
_____
_____
_____
_____
_____
_____

CONTACTOS

Nombre _____ Cel _____

Nombre _____ Cel _____

Nombre _____ Cel _____

Nombre _____ Cel _____

Nombre _____ Cel _____

Nombre _____ Cel _____

Nombre _____ Cel _____

Nombre _____ Cel _____

Nombre _____ Cel _____

Nombre _____ Cel _____

Abril 2014

Domingo	Lunes	Martes	Miercoles	Jueves	Viernes	Sábado
30	31	1	2	3	4	5
6	7	8	9	10	11	12
13	14	15	16	17	18	19
20	21	22	23	24	25	26
27	28	29	30	1	2	3

"Porque no envió Dios a su Hijo al mundo para condenar al mundo, sino para que el mundo sea salvo por él". Juan 3:17

PLAN DE TRABAJO

_____
_____
_____
_____
_____
_____
_____
_____
_____
_____
_____
_____
_____
_____
_____
_____
_____
_____
_____
_____
_____
_____

CONTACTOS

Nombre _____ Cel _____

Nombre _____ Cel _____

Nombre _____ Cel _____

Nombre _____ Cel _____

Nombre _____ Cel _____

Nombre _____ Cel _____

Nombre _____ Cel _____

Nombre _____ Cel _____

Nombre _____ Cel _____

Nombre _____ Cel _____

Mayo 2014

Domingo	Lunes	Martes	Miercoles	Jueves	Viernes	Sábado
27	28	29	30	1	2	3
4	5	6	7	8	9	10
11	12	13	14	15	16	17
18	19	20	21	22	23	24
25	26	27	28	29	30	31

"Si os he dicho cosas terrenales, y no creéis, ¿cómo creeréis si os dijere las celestiales? Juan 3:12

PLAN DE TRABAJO

_____
_____
_____
_____
_____
_____
_____
_____
_____
_____
_____
_____
_____
_____
_____
_____
_____
_____
_____
_____
_____

CONTACTOS

Nombre _____ Cel _____

Nombre _____ Cel _____

Nombre _____ Cel _____

Nombre _____ Cel _____

Nombre _____ Cel _____

Nombre _____ Cel _____

Nombre _____ Cel _____

Nombre _____ Cel _____

Nombre _____ Cel _____

Nombre _____ Cel _____

Junio 2014

Domingo	Lunes	Martes	Miercoles	Jueves	Viernes	Sábado
1	2	3	4	5	6	7
8	9	10	11	12	13	14
15	16	17	18	19	20	21
22	23	24	25	26	27	28
29	30	1	2	3	4	5

"Dios es Espíritu; y los que le adoran, en espíritu y en verdad es necesario que adoren".
Juan 4:24

PLAN DE TRABAJO

_____
_____
_____
_____
_____
_____
_____
_____
_____
_____
_____
_____
_____
_____
_____
_____
_____
_____
_____
_____
_____
_____

CONTACTOS

Nombre _____ Cel _____

Nombre _____ Cel _____

Nombre _____ Cel _____

Nombre _____ Cel _____

Nombre _____ Cel _____

Nombre _____ Cel _____

Nombre _____ Cel _____

Nombre _____ Cel _____

Nombre _____ Cel _____

Nombre _____ Cel _____

Julio 2014

Domingo	Lunes	Martes	Miercoles	Jueves	Viernes	Sábado
29	30	1	2	3	4	5
6	7	8	9	10	11	12
13	14	15	16	17	18	19
20	21	22	23	24	25	26
27	28	29	30	31	1	2

"Mas la hora viene, y ahora es, cuando los verdaderos adoradores adorarán al Padre en espíritu y en verdad; porque también el Padre tales adoradores busca que le adoren". Juan 4:23

PLAN DE TRABAJO

_____
_____
_____
_____
_____
_____
_____
_____
_____
_____
_____
_____
_____
_____
_____
_____
_____
_____
_____
_____
_____
_____
_____
_____

CONTACTOS

Nombre _____ Cel _____

Nombre _____ Cel _____

Nombre _____ Cel _____

Nombre _____ Cel _____

Nombre _____ Cel _____

Nombre _____ Cel _____

Nombre _____ Cel _____

Nombre _____ Cel _____

Nombre _____ Cel _____

Nombre _____ Cel _____

Agosto 2014

Domingo	Lunes	Martes	Miercoles	Jueves	Viernes	Sábado
27	28	29	30	31	1	2
3	4	5	6	7	8	9
10	11	12	13	14	15	16
17	18	19	20	21	22	23
24	25	26	27	28	29	30
31	1	2	3	4	5	6

"De cierto, de cierto te digo, que lo que sabemos hablamos, y lo que hemos visto, testificamos; y no recibís nuestro testimonio". Juan 3:11

PLAN DE TRABAJO

_____
_____
_____
_____
_____
_____
_____
_____
_____
_____
_____
_____
_____
_____
_____
_____
_____
_____
_____
_____
_____

CONTACTOS

Nombre _____ Cel _____

Nombre _____ Cel _____

Nombre _____ Cel _____

Nombre _____ Cel _____

Nombre _____ Cel _____

Nombre _____ Cel _____

Nombre _____ Cel _____

Nombre _____ Cel _____

Nombre _____ Cel _____

Nombre _____ Cel _____

Septiembre 2014

Domingo	Lunes	Martes	Miercoles	Jueves	Viernes	Sábado
31	1	2	3	4	5	6
7	8	9	10	11	12	13
14	15	16	17	18	19	20
21	22	23	24	25	26	27
28	29	30	1	2	3	4

"Al que venciere, le daré que se siente conmigo en mi trono, así como yo he vencido, y me he sentado con mi Padre en su trono. El que tiene oído, oiga lo que el Espíritu dice a las iglesias". Apocalipsis 3:21-22

PLAN DE TRABAJO

_____
_____
_____
_____
_____
_____
_____
_____
_____
_____
_____
_____
_____
_____
_____
_____
_____
_____
_____
_____
_____
_____
_____
_____

CONTACTOS

Nombre _____ Cel _____

Nombre _____ Cel _____

Nombre _____ Cel _____

Nombre _____ Cel _____

Nombre _____ Cel _____

Nombre _____ Cel _____

Nombre _____ Cel _____

Nombre _____ Cel _____

Nombre _____ Cel _____

Nombre _____ Cel _____

Octubre 2014

Domingo	Lunes	Martes	Miercoles	Jueves	Viernes	Sábado
28	29	30	1	2	3	4
5	6	7	8	9	10	11
12	13	14	15	16	17	18
19	20	21	22	23	24	25
26	27	28	29	30	31	1

"Por cuanto has guardado la palabra de mi paciencia, yo también te guardaré de la hora de la prueba que ha de venir sobre el mundo entero, para probar a los que moran sobre la tierra. He aquí, yo vengo pronto; retén lo que tienes, para que ninguno tome tu corona". Apocalipsis 3:10-11

PLAN DE TRABAJO

_____
_____
_____
_____
_____
_____
_____
_____
_____
_____
_____
_____
_____
_____
_____
_____
_____
_____
_____
_____
_____

CONTACTOS

Nombre _____ Cel _____

Nombre _____ Cel _____

Nombre _____ Cel _____

Nombre _____ Cel _____

Nombre _____ Cel _____

Nombre _____ Cel _____

Nombre _____ Cel _____

Nombre _____ Cel _____

Nombre _____ Cel _____

Nombre _____ Cel _____

Noviembre 2014

Domingo	Lunes	Martes	Miercoles	Jueves	Viernes	Sábado
26	27	28	29	30	31	1
2	3	4	5	6	7	8
9	10	11	12	13	14	15
16	17	18	19	20	21	22
23	24	25	26	27	28	29
30	1	2	3	4	5	6

"¿Quieres ser sano? Señor, le respondió el enfermo, no tengo quien me meta en el estanque cuando se agita el agua; y entre tanto que yo voy, otro desciende antes que yo. Jesús le dijo; Levantate, toma tu lecho, y anda". Juan 5:6-6

PLAN DE TRABAJO

_____
_____
_____
_____
_____
_____
_____
_____
_____
_____
_____
_____
_____
_____
_____
_____
_____
_____
_____
_____
_____
_____

CONTACTOS

Nombre _____ Cel _____

Nombre _____ Cel _____

Nombre _____ Cel _____

Nombre _____ Cel _____

Nombre _____ Cel _____

Nombre _____ Cel _____

Nombre _____ Cel _____

Nombre _____ Cel _____

Nombre _____ Cel _____

Nombre _____ Cel _____

Diciembre 2014

Domingo	Lunes	Martes	Miercoles	Jueves	Viernes	Sábado
30	1	2	3	4	5	6
7	8	9	10	11	12	13
14	15	16	17	18	19	20
21	22	23	24	25	26	27
28	29	30	31	1 FELIZ AÑO NUEVO 2015	2	3

"Y el que estaba sentado en el trono dijo: He aquí, yo hago nuevas todas las cosas. Y me dijo: Escribe; porque estas son palabras fieles y verdaderas. Y me dijo: Hecho está. Yo soy el Alfa y la Omega, el principio y el fin. Al que tuviera sed, yo le daré gratuitamente de la fuente del agua de la vida". Apocalipsis 21:5-6

PLAN DE TRABAJO

_____
_____
_____
_____
_____
_____
_____
_____
_____
_____
_____
_____
_____
_____
_____
_____
_____
_____
_____
_____
_____

CONTACTOS

Nombre _____ Cel _____

Nombre _____ Cel _____

Nombre _____ Cel _____

Nombre _____ Cel _____

Nombre _____ Cel _____

Nombre _____ Cel _____

Nombre _____ Cel _____

Nombre _____ Cel _____

Nombre _____ Cel _____

Nombre _____ Cel _____

Enero 2015

Domingo	Lunes	Martes	Miercoles	Jueves	Viernes	Sábado
28	29	30	31	1	2	3
4	5	6	7	8	9	10
11	12	13	14	15	16	17
18	19	20	21	22	23	24
25	26	27	28	29	30	31

"El que da testimonio de estas cosas dice: Ciertamente vengo en breve. Amén; sí, ven, Señor Jesús. La gracia de nuestro Señor Jesucristo sea con todos vosotros. Amén".
Apocalipsis 22:20

PLAN DE TRABAJO

_____
_____
_____
_____
_____
_____
_____
_____
_____
_____
_____
_____
_____
_____
_____
_____
_____
_____
_____
_____
_____
_____
_____

CONTACTOS

Nombre _____ Cel _____

Nombre _____ Cel _____

Nombre _____ Cel _____

Nombre _____ Cel _____

Nombre _____ Cel _____

Nombre _____ Cel _____

Nombre _____ Cel _____

Nombre _____ Cel _____

Nombre _____ Cel _____

Nombre _____ Cel _____

DEL 4 AL 15 DE ABRIL DE 2013
DIOS ME HIZO REGRESAR A SUR AMERICA

Luego de varias confirmaciones en sueños sobre mi regreso a Sur América, el 4 de abril de 2013 llegué a Guayaquil, Ecuador. Dirigido por el Espíritu Santo llegué al Hotel Indira Internacional el cual el Señor nos dirigió a comprar para establecer la sede de nuestro ministerio: AAPA INTERNCIONAL.

En este edificio de 7 pisos y 90 habitaciones fundamos la nuestra primera Iglesia Embajada del Reino de Dios para Sur América la cual ubica en el septimo piso del edificio. Aunque continuamos ofreciendo servicios de hotelería, estas facilidades están al servicio del Señor para hospedar misioneros que lleguen de otros paises. También nuestras Oficinas Centrales están ubicadas en el mismo desde donde coordinamos nuestros Programas de Asistencia Social a las distintas Iglesias y Organizaciones sin fines de lucro que solicitan nuestros servicios. La Embajada del Reino de Dios para Sur América fue establecida por el Señor como Oficina Central de Operaciones y sede de nuestro Ministerio AAPA Internacional.

Luego de muchas oraciones pidiendo que el Señor me dirigiera a las personas que él había seleccionado para que me recibieran, Dios me llevó a esta humilde familia la cual ha sido escogida para ser mis representantes Oficiales. Aquí con mi Director Regional y Pastor Asociado Mario Castillo y sus hijos, Danna, Javier y Fercho.

Dios nos abrió puertas con los Pastores Marilupe Riofrio de la iglesia Centro Evangelistico Pentecostal Adoración, el Rev. Jiner Borja, Ejecutivo del Presbiterio de las Asambleas de Dios y Pastor de la Iglesia Camino de Paz y el Dr. Nelson Zavala, Pastor de la Iglesia Monte de Sión también Candidato a la Presidencia de Ecuador.

También el Señor dispuso que conociera a la Profeta Ivonne García Coy, Pastora de la Iglesia y Ministerio Internacional Manantiales de Aguas Vivas de Palmira, Valle del Cauca en Colombia. En la agenda de Dios estaba programado que nos conociéramos para los propósitos divinos.

Ambos compartimos tarima en la ministración de la Palabra del Señor y los dones del Espíritu Santo. La ministración del testimonio de lo que Dios ha hecho en nuestra vida ministra la restauración de muchas vidas. El Señor conoce la necesidad de su pueblo.

En este nuestro primer viaje vistamos el pueblo de Chanduy donde identificamos necesidades entre las Iglesias pobres de la comunidad las cuales estaremos respaldando mediante nuestros Programas de Asistencia. Como se aprecia en la foto, este templo necesita ser techado y completado la construcción del piso.

INVASIÓN EVANGELISTICA PERÚ 1986 CON EL EVANGELISTA YIYE AVILA

Trayectoria Ministerial del Evangelista José Herrera

Luego de su encuentro y conversión a Cristo en el 1981, el hermano José Herrera comenzó a pedirle al Señor en oración que deseaba predicar su palabra y testificar la experiencia que había tenido con él. A los pocos días de haber hecho esa oración tuvo un sueño donde se le apareció el Señor y le dijo: *"Mi siervo, tu petición ha llegado a mí y yo te la he concedido".*

Al poco tiempo tuvo otro sueño donde se vió junto a un Anciano de cabellos y vestiduras blancas que sontenía en sus faldas un mapa de Sur América y señalandole con una linea por el centro del mapa de arriba hacia abajo le dijo: *"Mi siervo, por aquí tienes que ir a predicar lo que he hecho en tú vida".*

Luego de recibir esa palabra del Anciano, el Evangelista Yiye Ávila sonriente se le acerca, lo abraza y echando sus brazos por sus hombros lo lleva a un hogar donde sería hospedado. Mientras en la revelación se veia predicando su testimonio a multitudes de personas despertó del sueño sintiéndo la presencia del Espíritu Santo que corria como rios de agua viva por su interior y toda su habitación.

Al año siguiente del sueño, ingresó como Miembro de la Asociación Evangelistica Cristo Viene que preside el Siervo de Dios Yiye Ávila siendo durante los próximos diez años uno de los Evangelista y Coordinadores de Campañas.

Su primer viaje a Sur América lo hizo en el 1985 acompañando al Evangelista Yiye Ávila a los Impactos de Dios en la Argentina. Durante ese viaje predicó su primer mensaje en la Plaza Flores de Buenos Aires y en varios cultos en cárceles de Argentina.

IMPACTOS DE DIOS COLOMBIA 1988

Posteriormente fue enviado por el Evangelista Yiye Ávila a realizar Campañas Evangelísticas en Guatemala, Colombia y Perú en las cuales fue usado por Dios en la salvación de miles de almas, la manifestación de sanidades, señales y revelaciones del Señor confirmando su llamamiento.

Fue anfitrión de los Programas de TV de La Cadena del Milagro (hoy día conocida como CDM Internacional) los programas: "Noticiero Cristo Viene", "Usted en la Iglesia de Jesucristo" y "Señales". También fue anfitrión del Programa Radial "Jesús me libertó" por Radio Redentor.

Luego de una década de haber tenido el privilegio de servir al varón de Dios Yiye Ávila en su Ministerio, en tiempos de gran adversidad vivida, el Señor se lo llama a fundar el Ministerio Amor A Puertas Abiertas Inc en el cual fue incorporado en el año 2000 como Organización sin fines de lucro estableciendo el Programa de Vivienda Transitoria con Servicios de Apoyo dirigidos a ayudar a personas desamparadas y sin hogar.

Durante esa década, se graduó del Seminario Bíblico Autónomo Inc. de la Fraternidad de Iglesias Asamblea de Dios Autónomas Hispanas Inc. (FIADAH) de la cual también alcanzó el rango ministerial de Ministro Ordenado al pleno Ministerio, convirtiéndose en uno de los recursos como Maestro del mismo Seminario Bíblico Autónomo Inc.

Es autor de los libros: "Señor, he venido a ti y nada ha sucedido", "Respuesta Bíblica al Fenómeno OVNI" y "La Resurrección del Reino Animal". Actualmente escribe la novela relacionada al tema del rapto de la Iglesia, "Alerta Ambar" y la segunda parte de, "Señor, he venido a ti y nada ha sucedido EL REGRESO A SUR AMERICA".

Actualmente sirve en el Ministerio Pastoral como Pastor Asociado de la Iglesia Cristiana Emmanuel Mateo 1:23 Inc. del Barrio Buena Vista en su pueblo natal de Hatillo, Puerto Rico que pastorea el Pastor Harry González.

Y ahora, luego de 25 años de ausencia en relación a su llamado a Sur América, Dios lo vuelve ha comisionar para que retorne a las Campañas Evangelísticas al Continente Suramericano pero con la nueva Misión de establecer el Ministerio Amor A Puertas Abiertas a nivel internacional (AAPA Internacional).

Razón por la cual estamos aquí reunidos para la Presentación Oficial en presencia del Cuerpo Ministerial de las Iglesias Cristianas que hoy nos honran con su asistencia.

"Haber tenido la bendición de ser llamado por el Anciano de cabellos blancos para ser parte del Escuadrón Cristo Viene del Evangelista Yiye Ávila fue una experiencia que el Señor utilizaría para capacitar mi vida para este mi tiempo señalado por nuestro Padre el cual me envió a Sur América". Evang. José Herrera

Proyecto Hidrocultivos AAPA

Marisol Delgado Soto, esposa del Evangelista José Herrera sembrando cilantrillo con varios participantes del Programa.

A la izquierda participantes del Programa. A la derecha la hna. Iris Pérez Colón cocinera voluntaria del Albergue y el Evang. José Herrera en el proceso de sembrar cilantrillo. Abajo parte del Staff y grupo jovenes del Albergue Campamento AAPA.

AMOR A PUERTAS ABIERTAS INC.

Grupo de Participantes del Albergue enviados a West Virginia, EU Programa de Trabajo.

"Dios hace habitar en familia a los desamparados; saca a los cautivos a prosperidad;"
Salmo 68:6

PRIMER CAMPAMENTO "LEVANTANDO AL CAIDO"

CLINICAS DE SALUD EN LAS COMUNIDADES

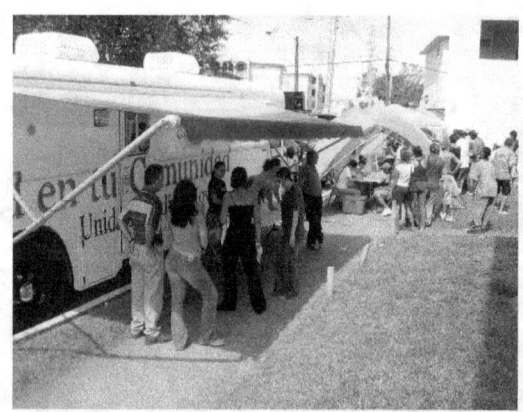 

COORDINACION DE SERVICIOS DE APOYO

AMOR A PUERTAS ABIERTAS INC.

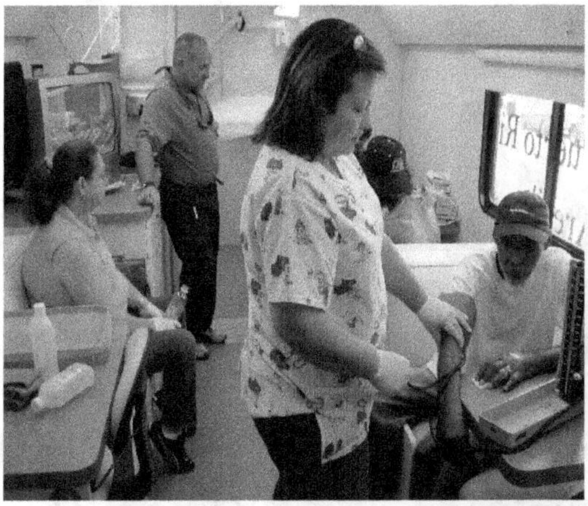

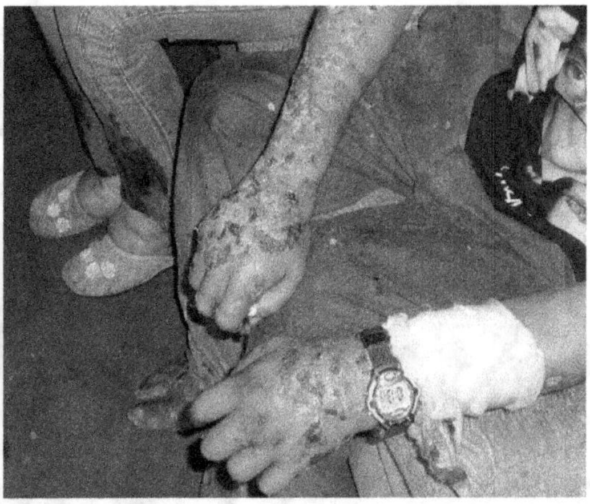

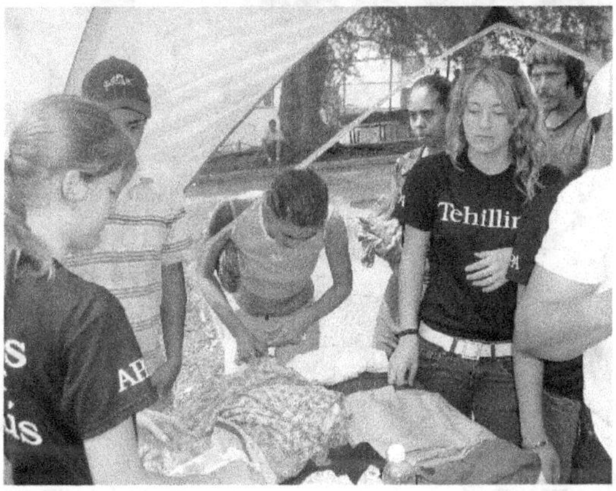

Distribución de alimentos, ropas y servicios médicos en comunidades indigentes y de alta incidencia en el uso de sustancias controladas. "Puntos de drogas".

CAMPAMENTO AAPA

AMOR A PUERTAS ABIERTAS INC.

"De cierto os digo que en cuanto lo hicisteis a uno de estos mis hermanos más pequeños, a mí lo hicisteis". Mateo 25:40

RESPALDO DE LA EMPRESA PRIVADA

Una Propuesta es un medio por el cual podemos canalizar el respaldo de la Empresa Privada a Proyectos y Programas que brindan servicios a las comunidades. Los recursos están cerca de usted, es cuestión de hacer el acercamiento de manera efectiva. Le animo a que haga de su visión una Propuesta al alcance de las personas que tienen los recursos para hacer su sueño una realidad. Como le dije al principio, si usted tiene una visión para o deseo de ofrecer un servicio al prójimo, comience sin recurso. No espere tener para dar. Eso es una excusa para no empezar a dar. De de lo poco que tiene y verá la bendición del Señor como obra milagros de provisión y multiplicación. ¡Es cuestión de comenzar!

GRANDES AMIGOS Y COLABORADORES DE
AMOR A PUERTAS ABIERTAS INC.

El Sr. Pascual González y su esposa Aida han sido un matrimonio que Dios ha utilizado para bendecir a otros. Ellos conocen muy bien la promesa del Señor que dice: "Dad, y se os dará". Han sido grandes colaboradores de nuestra Misión. De izquierda a derecha: Mi esposa Marisol Delgado y yo junto a Pascual González y su esposa Sra. Aida Figueroa.

Creemos que la Iglesia del Señor está llamada a servir en sus respectivas comunidades por lo que nos interesa conocer de sus Programas y Proyectos para poder sembrar nuestra semilla en su tierra. Con estos fines y enfocado en este llamamiento nos complace informarle sobre nuestra Misión, Visión y Plan de Trabajo de AAPA INTERNACIONAL para Sur América.

AAPA INTERNACIONAL
MISIÓN y VISIÓN

Cumplir con nuestro llamado de llevar el mensaje de las Buenas Nuevas de Salvación del Evangelio de nuestro Señor Jesucristo y la palabra profética que hemos sido encomendados predicar en Sur América y todas las Naciones a las que seamos enviados por el Espíritu Santo.

Nuestra Misión tiene dos ramas fundamentadas en La Gran Comisión de predicar el evangelio en todo el mundo y la Obra de Ayuda Social a los necesitados, primeramente a los de la familia de la fe mediante la Fundación de nuestros Programas de Asistencia Social al Servicio de las Comunidades de Sur América donde seamos dirigidos por el Espíritu Santo.

Establecer y/o patrocinar Albergues de Vivienda Transitoria, Centros de Rehabilitación, Orfanatos, Programas de Asistencias Social, Desarrollo de Micro Empresas y de las Iglesias y/o Organizaciones sin fines de lucros que sometidas sus Propuestas y analizadas, sean consideradas para ser apadrinadas por AAPA INTERNACIONAL.

"Porque somos hechura suya, creados en Cristo Jesús para buenas obras, las cuales Dios preparó de antemano para que anduviésemos en ellas". Efesios 2:10

PLAN DE TRABAJO
CAMPAÑAS EVANGELISTICAS

- Realización de Campañas Evangelísticas con el respaldo de todas las Iglesias Cristianas que voluntariamente tengan a bien brindarnos su respaldo.

- Celebración de Campañas Evangelisticas no solo en las Capitales, sino en las Provincias, Estados, Pueblos y Comunidades del interior olvidadas de cada República Suramericana.

- Entendiendo lo importante del mensaje que Dios me ha encomendado llevar a Sur América, nuestros esfuerzos serán dirigidos en lograr que cada Campaña realizada pueda ser convertida en una Plataforma de Impacto Nacional e Internacional utilizando los distintos medios de comunicación. (Radio, TV, Prensa, Internet, etc.)

- La inversión económica para la realización de las Campañas Evangelisticas y todas las Actividades relacionadas a nuestra Misión y Visión en Sur América será responsabilidad de nuestro Ministerio, por lo que nos reservaremos el derecho de solicitar y administrar la ofrenda voluntaria que como es costumbre y parte de nuestro culto de adoración a Dios es recolectada.

- Estableceremos un Comité Organizador compuesto por los Líderes Eclesiasticos que serán seleccionados por nominación y votación de la Asamblea celebrada en la Primera Reunión de Coordinación de fechas y lugares. El mismo será conveniente sea formado durante la Actividad de Presentación Oficial de nuestro Ministerio si así la Asamblea reunida lo decide por mayoría.

- En la misma, de ser posible, se fijará la fecha para la realización de las Campañas Evangelisticas y posteriores reuniones del Comité Organizador que quede debidamente establecido.

- El Comité Organizador a su vez elegirá entre si las dintintas posiciones de la directiva. La misma estará compuesta como sigue: Un Presidente, Vicepresidente, Tesorero, Sub-Tesorero y tres (3) Vocales para un total de siete (7) los Miembros Oficiales del Comité Organizador.

- El Comité Organizador debidamente organizado representará a todas las Iglesias y demás liderato Eclesiástico como auspiciadores de las Campañas y será el enlace con el Coordinador(a) Oficial de nuestro Ministerio para realizar los trabajos de coordinación de los eventos.

- Las funciones realizadas por el Comité Organizador será uno de carácter voluntario, por lo que los trabajos o gestiones que se realicen para la coordinación de una de nuestras Campañas es de manera voluntaria entendiendo que nuestro Ministerio ni el Coordinador(a) Oficial se compromete en el pago de salarios por mencionados servicios prestados. Salvo en casos determinados pero los mismos deberán ser autorizados por escrito autorizados por un Oficial de AAPA Internacional previamente de su contratación.

- Sin embargo, reconociendo que la palabra del Señor establece que el obrero es digno de su salario y el que vive del altar, que coma del altar; los mismos podrían ser recompensados finalizada las actividades con una ofrenda de amor en agradecimiento y reconocimiento de los esfuerzos realizados.

- Sugerimos a los Líderes que sean nominados para ocupar una posición en el Comité Organizador, que evaluen antes de aceptar, su disposición y capacidad real para realizar los trabajos relacionados en la coordinación de eventos. Aunque siempre contarán con nuestro respaldo y cobertura, será importante que el líder tenga la habilidad de funcionar por motivación propia.

- A partir del momento en el cual sea formado el Comité Organizador, el mismo continuará realizando reuniones de seguimiento manteniendo comunicación con nuestro Ministerio por medio del Cordinador(a) Oficial.

- El Comité Organizador no puede ni deberá bajo ninguna circunstancia firmar Contratos de Arrendamientos o Contratación de Servicios Profesionales para la realización de las Campañas sin antes haber consultado la misma para su aprobación. Toda Contratación deberá tener la Autorización Oficial firmada por un Representante Oficial Autorizado de AAPA Internacional, en cuyo caso será el Coordinador(a) Oficial de nuestro Ministerio.

PLAN DE TRABAJO
PROGRAMAS DE ASISTENCIA SOCIAL

Dios nos ha enviado a establecer nuestro Programa de Vivienda Transitoria con Servicios de Apoyo, sin embargo considerando el privilegio que tenemos de servir a nuestro prójimo no solo ofreciendo el pan espiritual, AAPA Internacional estará canalizando ayudas y coordinando Servicios de Apoyo con otras Organizaciones Aliadas, Iglesias y Empresarios a nivel Nacional e Internacional.

Para esto exhortamos a todas aquellas Iglesias Cristianas y/o Organizaciones sin fines de lucro debidamente registradas y que están ofreciendo servicios, pueden someter sus Propuestas por correo eléctronico **EvangelistaJoseHerrera@Yahoo.com** o enviando la misma a la siguiente dirección postal:

AAPA INTERNACIONAL
Evangelista José Herrera
Club Gallístico St. #129
Hatillo, Puerto Rico 00659

Nuestra Organización se reserva de derecho de aceptar, rechazar o posponer por orden de prioridades conforme a nuestro criterio o referir a uno de nuestros colaboradores aliados las Propuestas recibidas.

El que una Propuesta no sea en el momento aceptada, no significará necesariamente que su Proyecto no pueda ser considerado más adelante. Por eso hacemos enfasis en nuestra VISIÓN el hecho que oraremos a Dios en busca de ser dirigidos por su Espíritu Santo.

Por lo que le exhortamos a no desmallar en su intento de lograr sus metas. Sobre todo, ore a Dios pues nosotros estaremos buscando la dirección del Señor en cuanto a cada uno de los Programas presentados en sus Propuestas. Nuestro deseo es ayudar a todos a la vez, pero es obvio que todo conlleva un orden el cual buscaremos ser guiados porque al fín de cuentas, estamos administrando los negocios del Señor que se nos ha confiado.

Los Programas y Proyectos serán evaluados en una primera fase por medio de la Propuesta presentada en la cual le sugerimos que sea bien preciso en presentar la labor comunitaria que realiza de manera documentada. Más adelante les doy algunos consejos al respecto de que cosas debe de no olvidar de mensionar en sus Propuestas.

Posteriormente de ser considerada su Propuesta en la primera fase, se enviará un Oficial Autorizado para una visita a las facilidades del Programa el cual nos dará su informe y recomendación. Luego de realizada la misma, se informará a los Oficiales del Programa la desición final tomada.

Nuestro interés y deseo es poder colaborar con todos los Programas de las Iglesias y Organizaciones sin fines de lucro. Por tal razón es que como un Servicio de Apoyo, AAPA Internacional servirá de enlace con otras Organizaciones y Empresas Privadas y Aliados Colaboradores de nuestro Ministerio a los cuales les llevaremos la información sobre sus Programas y nuestra recomendación con el fin de canalizar otros medios de ayuda y colaboración para su Ministerio.

Los Programas y Proyectos entre otros que se estarán considerando son los siguientes:

- Programas de Asistencia Social Comunitaria (Alimentos procesados, Compras de Emergencias, Comedores Públicos para Personas Indegentes, Ropas, zapatos, etc.)

- Orfanatos, Albergues para personas desamparadas sin hogar, Albergues de Emergencias, Proyectos de Vivienda Transitoria con Servicios de Apoyo, Programas de Apoyo para Niños, Envejecientes, Hombres y Mujeres, etc.

- Centros de Rehabilitación

- Proyectos de Micro Empresas de Impacto en la Creación de Empleos y Desarrollo Económico en las Comunidades.

- Proyectos de Desarrollo Agrícola de Impacto en la Creación de Empleos y Desarrollo Económico en las Comunidades.

- Proyectos de Desarrollo de Viviendas para Familias de Escasos recursos económicos.

- Programas de Restauración de Viviendas para Familias de Escasos recursos económicos.

- Programas de Apoyo dirigidos a la Población Penal (presos).

- Proyectos y Programas de Educación Cristiana.

- Si su Proyecto o Programa no está mencionado aquí por ser uno novedoso o exclusivo, no deje de someter su Propuesta. Nos interesa conocer del mismo.

- El Dios que le dio la VISIÓN, tiene la PROVISIÓN.

Acontinuación le damos algunos consejos para que los considere a la hora de redactar su Propuesta.

Consejos al Redactar una PROPUESTA

1. Para la Redacción exitosa de una Propuesta será necesario tener de manera clara y definida la Misión y Visión de lo que se pretende realizar. No hay nadie mejor capacitado para esto que aquella persona que ha recibido el llamado de Dios. Entonces será cuestión de ponerlo por escrito de manera clara y lo más sencillo posible.

2. No se asuste cuando se usa el termino de Propuesta, vealo como un sencillo Proyecto de Escuela en el cual usted cuando era estudiante realizaba redactando información acompañada de láminas en la mayoría de los casos.

3. ¿Qué información debe de aparecer en su Propuesta? Sencillamente toda la relacionada a su Programa o Proyecto. Como nació, información de sus comienzos, servicios actuales y metas a corto y largo plazo.

4. Información relacionada a los "servicios que ofrecen" y quienes son las personas beneficiadas de los mismos.

5. Documente los servicios que ofrece fotos u otros medios que puedan ser apreciados mientras se examina la Propuesta.

6. Sea creativo. Recuerde que es una gran oportunidad que usted tendrá para lograr recursos económicos para su Proyecto, pues su Propuesta será vista por personas que muy bien podrian enamorarse de la labor que realiza y ser tocadas por el Espíritu Santo para apoyarle.

7. Sea honesto. No diga que está haciendo lo que no hace en el momento pensando que lo hará en el futuro. Más bien, comunique los servicios que actualmente ofrece, aunque sean pocos, pero señalando que sus planes a largo plazo es poder servir a tantos conforme a los recursos que logren alcanzar. Para esto, puede crear una tabla donde indica los servicios o personas servidas conforme a su itinerario y donde bien pueda reflejar aumentos o bajas según sea el caso. Como también sus metas a alcanzar a corto y largo plazo. Nadie mejor que usted sabe lo que hace y lo que desean hacer.

8. Sea breve, directo y convincente en sus narrativos. Presente los problemas con los cuales estan trabajando. ¿Qué razones tuvieron para establecer el Programa y relate testimonios y resultados positivos que han logrado.

9. Cuando se habla de someter Propuestas en las esferas Gubernamentales o a Corporaciones Privadas es común que las mismas incluyan Tablas de Estadísticas y/o Estudios realizados. Aunque nosotros no necesariamente exigimos que los mismos sean incluidos, no obstante, si los tiene, sometalos pues esto abona positivamente a su Propuesta y da más credibilidad del caracter de su organización.

10. Haga un Narrativo exclusivamente donde presentará lo que necesita o está solicitando como ayuda. Si es dinero, presente un Presupuesto de Gastos del mismo o si es un Equipo el costo y modelo del mismo en una Cotización Oficial.

11. Acompañe información Oficial de su Iglesia u Organización. (No incluya copias de documentos oficiales, los mismos serían verificados de ser necesarios en nuestra visita oficial a su Proyecto).

12. Acompañe listado de los nombre, posición, direcciones y números de teléfonos de los miembros de su Junta de Directores o Administradores. Señale que persona será la que estará a cargo del Programa. Puede incluir organigrama acompañando el mismo.

13. Tenga disponible los Documentos Oficiales que el Gobierno le exige a las Organizaciones e Iglesias para poder funcionar. Permisos, Lincencias, etc. No los envie con su Propuesta. Tengalos a la mano en caso de una visita a su Proyecto.

14. Indique las fuentes de ingreso que recibe para realizar su Programa. Si recibe ayudas del Gobierno o entidades privadas.

15. Si el Programa o Proyecto tiene empleados a sueldo y/o voluntarios. Si cuenta con personal profesional que son parte del servicio explique con detalles.

16. Recuerde que por medio de su Propuesta usted dará a conocer los Servicios y necesidades de su Programa u Organización. Presentela con una convicción segura y positiva, cual vendedor que presenta su producto como una solución real a determinado problema.

17. Por último. Si usted tiene una visión para comenzar un Programa o Proyecto y está esperando primero recibir los recursos para comenzar, le recomiendo por experiencia propia a que comience con el poco o ningún recurso que tenga. ¡Solo procure con diligencia comenzarlo y verá la mano de Dios a su favor supliendo! Pero comience dando el servicio aunque solo pueda darlo a unos pocos. Unos pocos es mucho más que nada. Sencillamente ponga lo poco en las manos del Señor y verá grandes milagros de provisión.

En el interin de la realización de nuestras Campañas esperamos ofrecer Talleres de Capacitación en la Redacción de Propuestas para beneficio de los lideres interesados. Le deseo mucho éxito y le profetizo victoria si se propone luchar por ese sueño no importando los obstaculos que sin duda se han de presentar.

Recuerde que todo lo que en el Reino de nuestro Dios usted ha sido llamado a alcanzar, tendrá oposición. Pero usted y yo bien sabemos que no habrá gigante ni montaña que no podamos conquistar en el Nombre de Nuestro Señor Dios Todopoderoso.

Esperando celebrar en un futuro cercano su éxito alcanzado para la gloria de Dios, queda de ti muy agradecido y bendecido al Servicio del Señor.

Evangelista José Herrera
Al servicio del Señor

Si desea contactarme puede hacerlo a:
Email: EvangelistaJoseHerrera@Yahoo.com
www.EvangJoseHerrera.com
www.aapainternacional.com

Para un preview de mis libros visite este link
http://evangelistajoseherre.wix.com/bookspreview

"El éxito parece estar conectado con la acción. Un hombre exitoso se mantiene en movimiento. Podrá cometer errores, pero nunca se rinde".
Por: Conrad Hilton, Fundador de Hoteles Hilton

LA RESURRECCIÓN DEL REINO ANIMAL

¿Alguna vez se ha preguntado si lo animales resucitarán? Esa pregunta se la hice al Señor luego de haber perdido a mi perro Brandon. Si es amante de los animales y ha llorado la muerte de sus mascotas, usted se gozará al conocer por qué la Creación le dará una Alabanza Suprema al que está sentado en el trono. Disponible en www.Amazon.com o en su librería favorita.

Versión Impresa $12.00
Versión eBook Kindle $9.99

RESPUESTA BÍBLICA AL FENÓMENO OVNI

"NO ESTAMOS SOLOS"

La manifestación del fenómeno Ovni es una realidad en nuestros días que no se puede negar por la mucha evidencia. ¿Qué dice la Biblia al respecto? ¿Está Dios en el misterio de los Ovnis? ¿Son seres extraterrestres de otras galaxias los que están contactando al hombre? ¿Tiene Dios naves voladoras? ¿Es obra de Satanás? ¿Cómo saber si una manifestación del fenómeno es una señal de Dios ¿Habrá una invasión de seres extraterrestres en la tierra? Las respuestas de esas y otras preguntas las encontrará en este Estudio Bíblico.

Disponible en www.Amazon.com o en su librería favorita.

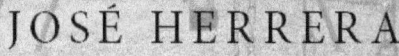

Amor a Puertas Abiertas

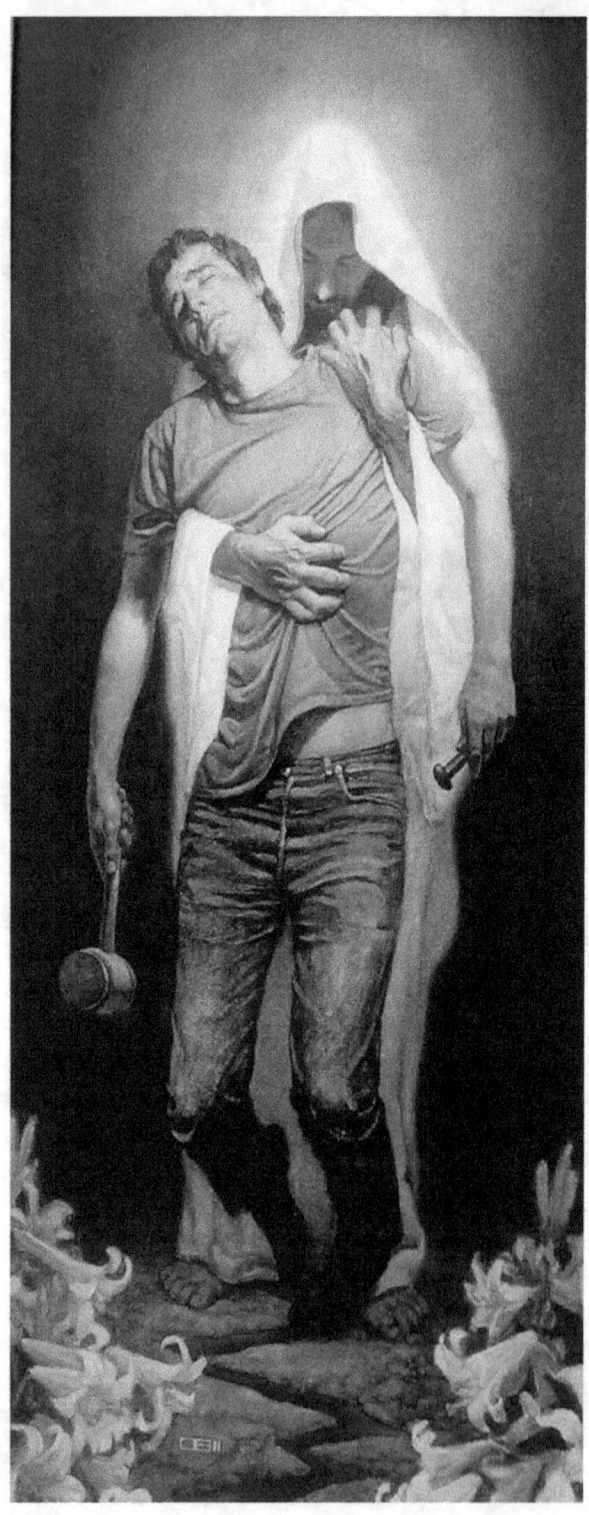

TESTIMONIO

El martes 19 de noviembre de 2013, JESÚS vino a mi habitación durante el día número 40 de mi ayuno dirigido por el Señor. Por el día, el Espíritu Santo me recordó un sueño que había tenido en el año 2011. Cuando fui a mi libreta donde tengo anotados mis sueños y visiones de Dios, habia escrito una nota que decía: ESPERO UNA VISITACIÓN DEL SEÑOR EN MI CUARTO COMO LAS QUE TENIA YIYE.

Llamé a mi esposa, hijas y yernos y se les dije para testimonio: Siento que el SEÑOR me viene a visitar esta madrugada. Estoy en el dia de ayuno numero 40 y hacen dos años atrás en este sueño que tuve en el 2011 el Señor me mostró que me visitaría. El Espíritu Santo me mostró durante este día, que el asunto sobre mi llamado es firme de parte de Dios y que Él se apresura a hacer todo lo que me había revelado. Por la madrugada desperté como a las 5:00 AM y no sucedió nada. No tuve sueño alguno, ni visión ni visitación. Oré diciendo:

"Señor, aunque te esperaba hoy y no viniste, te espero mañana. Me hubiera guastado que hubiera sido hoy, pero, hagase la voluntad del Padre. Aún así Señor, pienso que tú me tienes una sorpresa".

En el día 38 del ayuno le había pedido al Padre en oración intensa, que como una confirmación de mi llamado al Ministerio Cristo Viene y a Sur América, me enviara a su Hijo Jesús a mi habitación en persona como lo había hecho con su siervo Yiye Ávila cuando lo llamó al ministerio.

Luego de haber orado, me recosté en la cama del cuarto donde estoy realizando los ayunos. De repente, comienzo a sentir la presencia de un demonio que se me tira encima en la cama, luego de luchar con el demonio y reprenderlo en el nombre de JESUS, me acosté nuevamente en la cama. No habían transcurido 5 mínutos cuando de repente siento que entra una persona y se me para al lado de la cama y me agarra por la espalda metiendo sus brazos por debajo de los mios, y súbitamente me levanta de la cama.

En ese momento, aunque no sentía la presencia del maligno como suele ser cuando es un demonio, estaba asombrado porque me tenían agarrado y me habían levantado de la cama. Entonces escuché una voz detrás de mi que me dijo: *"NO TEMAS"*.

Cuando escuché su voz exclamé con gran alegría y asombro: *¡JESUS, ERES TÚ!* Y comencé a tocar sus brazos y apretarlos. Sentia que eran un cuerpo de carne y hueso. Esto no era un sueño. Senti los huesos de sus brazos cuando lo apretaba. Ambos brazos frente a mi los apreté varias veces sumamente admirado. Entonces cuando me inclino hacia mi izquierda para mirarlo, El se inclinó hacia mi para mirarme. Pude ver la mitad de su rostro por mi hombro izquierdo y mirandonos fijamente, mi amado JESUS ME DIO UN BESO EN MI MEJILLA IZQUIERDA. Entonces estallé en GRITOS, LLANTOS Y RISAS DE ALEGRIA SINTIENDO UN GOZO SOBRENATURAL. ¡ALELUYA!

JESUS EN PERSONA, ¿Puedes creerlo? ME BESÓ. SENTI SU AMOR. SENTÍ EL AMOR QUE EL TIENE HACIA CADA UNO DE NOSOTROS. EL TE AMA, QUIERE QUE LO SEPA EL MUNDO, QUIERE QUE YO LO TESTIFIQUE EN TODA SUR AMERICA. EL AMOR Y LA MISERICORDIA DEL SEÑOR PARA CON EL HOMBRE.

Y ME DIO UNA SEÑAL. EN TIEMPO DE NAVIDAD ME RESTAURA AL MINISTERIO QUE UNA VEZ FUI MIEMBRO. ESTOY PRÓXIMO A COMENZAR MI NUEVA MISIÓN A SUR AMÉRICA. UNA MISIÓN LA CUAL SERÁ EL CONTEO REGRESIVO DE LA VENIDA DE JESUCRISTO POR SU IGLESIA. *¡Gracias Señor, por tu amor y misericordia! Antes creía en tí por fe sin haber visto; pero ahora soy un testigo ocular de que resucitaste al tercer día como dicen las Escrituras y vives por la eternidad.*

JESÚS nos ama.

Evangelista José Herrera
Al Servicio del Señor

BOSQUEJO PARA MENSAJE

Texto

_____
_____
_____
_____

Introducción

_____
_____
_____
_____

Anécdota

_____
_____
_____
_____

Cuerpo del Mensaje
a)_____
_____
_____

b)_____
_____
_____

c)_____
_____
_____

Aplicación de Mensaje y Llamado al altar

_____
_____
_____
_____
_____

BOSQUEJO PARA MENSAJE

Texto

_____
_____
_____
_____

Introducción

_____
_____
_____
_____

Anécdota

_____
_____
_____
_____

Cuerpo del Mensaje
a)_____
_____
_____

b)_____
_____
_____

c)_____
_____
_____

Aplicación de Mensaje y Llamado al altar

_____
_____
_____
_____

BOSQUEJO PARA MENSAJE

Texto

_____
_____
_____
_____

Introducción

_____
_____
_____
_____

Anécdota

_____
_____
_____
_____

Cuerpo del Mensaje
a)_____
_____
_____

b)_____
_____
_____

c)_____
_____
_____

Aplicación de Mensaje y Llamado al altar

_____
_____
_____
_____

BOSQUEJO PARA MENSAJE

Texto

_____
_____
_____
_____

Introducción

_____
_____
_____
_____

Anécdota

_____
_____
_____
_____

Cuerpo del Mensaje
a)_____
_____
_____

b)_____
_____
_____

c)_____
_____
_____

Aplicación de Mensaje y Llamado al altar

_____
_____
_____
_____
_____

BOSQUEJO PARA MENSAJE

Texto

_____
_____
_____
_____

Introducción

_____
_____
_____
_____

Anécdota

_____
_____
_____
_____

Cuerpo del Mensaje
a)_____
_____
_____

b)_____
_____
_____

c)_____
_____
_____

Aplicación de Mensaje y Llamado al altar

_____
_____
_____
_____

BOSQUEJO PARA MENSAJE

Texto

_____
_____
_____
_____

Introducción

_____
_____
_____
_____

Anécdota

_____
_____
_____
_____

Cuerpo del Mensaje
a)_____
_____
_____

b)_____
_____
_____

c)_____
_____
_____

Aplicación de Mensaje y Llamado al altar

_____
_____
_____
_____

BOSQUEJO PARA MENSAJE

Texto

_____
_____
_____
_____

Introducción

_____
_____
_____
_____

Anécdota

_____
_____
_____
_____

Cuerpo del Mensaje
a)_____
_____
_____

b)_____
_____
_____

c)_____
_____
_____

Aplicación de Mensaje y Llamado al altar

_____
_____
_____
_____

BOSQUEJO PARA MENSAJE

Texto

_____
_____
_____
_____

Introducción

_____
_____
_____
_____

Anécdota

_____
_____
_____
_____

Cuerpo del Mensaje
a)_____
_____
_____

b)_____
_____
_____

c)_____
_____
_____

Aplicación de Mensaje y Llamado al altar

_____
_____
_____
_____
_____

BOSQUEJO PARA MENSAJE

Texto

_____
_____
_____
_____

Introducción

_____
_____
_____
_____

Anécdota

_____
_____
_____
_____

Cuerpo del Mensaje
a)_____
_____
_____

b)_____
_____
_____

c)_____
_____
_____

Aplicación de Mensaje y Llamado al altar

_____
_____
_____
_____

BOSQUEJO PARA MENSAJE

Texto

_____
_____
_____
_____

Introducción

_____
_____
_____
_____

Anécdota

_____
_____
_____
_____

Cuerpo del Mensaje
a)_____
_____
_____

b)_____
_____
_____

c)_____
_____
_____

Aplicación de Mensaje y Llamado al altar

_____
_____
_____
_____

BOSQUEJO PARA MENSAJE

Texto

_____
_____
_____
_____

Introducción

_____
_____
_____
_____

Anécdota

_____
_____
_____
_____

Cuerpo del Mensaje
a)_____
_____
_____

b)_____
_____
_____

c)_____
_____
_____

Aplicación de Mensaje y Llamado al altar

_____
_____
_____
_____
_____

BOSQUEJO PARA MENSAJE

Texto

_____
_____
_____
_____

Introducción

_____
_____
_____
_____

Anécdota

_____
_____
_____
_____

Cuerpo del Mensaje
a)_____
_____
_____

b)_____
_____
_____

c)_____
_____
_____

Aplicación de Mensaje y Llamado al altar

_____
_____
_____
_____
_____

BOSQUEJO PARA MENSAJE

Texto
_____
_____
_____
_____

Introducción
_____
_____
_____
_____

Anécdota
_____
_____
_____
_____

Cuerpo del Mensaje
a)_____
_____
_____

b)_____
_____
_____

c)_____
_____
_____

Aplicación de Mensaje y Llamado al altar
_____
_____
_____
_____
_____

BOSQUEJO PARA MENSAJE

Texto

_____
_____
_____
_____

Introducción

_____
_____
_____
_____

Anécdota

_____
_____
_____
_____

Cuerpo del Mensaje
a)_____
_____
_____

b)_____
_____
_____

c)_____
_____
_____

Aplicación de Mensaje y Llamado al altar

_____
_____
_____
_____
_____

BOSQUEJO PARA MENSAJE

Texto

_____
_____
_____
_____

Introducción

_____
_____
_____
_____

Anécdota

_____
_____
_____
_____

Cuerpo del Mensaje
a)_____
_____
_____

b)_____
_____
_____

c)_____
_____
_____

Aplicación de Mensaje y Llamado al altar

_____
_____
_____
_____

BOSQUEJO PARA MENSAJE

Texto

_____
_____
_____
_____

Introducción

_____
_____
_____
_____

Anécdota

_____
_____
_____
_____

Cuerpo del Mensaje

a)_____
_____
_____

b)_____
_____
_____

c)_____
_____
_____

Aplicación de Mensaje y Llamado al altar

_____
_____
_____
_____
_____

BOSQUEJO PARA MENSAJE

Texto

_____
_____
_____
_____

Introducción

_____
_____
_____
_____

Anécdota

_____
_____
_____
_____

Cuerpo del Mensaje

a)_____
_____
_____

b)_____
_____
_____

c)_____
_____
_____

Aplicación de Mensaje y Llamado al altar

_____
_____
_____
_____

BOSQUEJO PARA MENSAJE

Texto

_____

_____

_____

_____

Introducción

_____

_____

_____

_____

Anécdota

_____

_____

_____

_____

Cuerpo del Mensaje
a)_____

_____

_____

b)_____

_____

_____

c)_____

_____

_____

Aplicación de Mensaje y Llamado al altar

_____

_____

_____

_____

_____

BOSQUEJO PARA MENSAJE

Texto

_____
_____
_____
_____

Introducción

_____
_____
_____
_____

Anécdota

_____
_____
_____
_____

Cuerpo del Mensaje
a)_____
_____
_____

b)_____
_____
_____

c)_____
_____
_____

Aplicación de Mensaje y Llamado al altar

_____
_____
_____
_____

BOSQUEJO PARA MENSAJE

Texto

_____
_____
_____
_____

Introducción

_____
_____
_____
_____

Anécdota

_____
_____
_____
_____

Cuerpo del Mensaje
a)_____
_____
_____

b)_____
_____
_____

c)_____
_____
_____

Aplicación de Mensaje y Llamado al altar

_____
_____
_____
_____
_____

BOSQUEJO PARA MENSAJE

Texto

_____
_____
_____
_____

Introducción

_____
_____
_____
_____

Anécdota

_____
_____
_____
_____

Cuerpo del Mensaje
a)_____
_____
_____

b)_____
_____
_____

c)_____
_____
_____

Aplicación de Mensaje y Llamado al altar

_____
_____
_____
_____
_____

BOSQUEJO PARA MENSAJE

Texto

_____
_____
_____
_____

Introducción

_____
_____
_____
_____

Anécdota

_____
_____
_____
_____

Cuerpo del Mensaje
a)_____
_____
_____

b)_____
_____
_____

c)_____
_____
_____

Aplicación de Mensaje y Llamado al altar

_____
_____
_____
_____
_____

BOSQUEJO PARA MENSAJE

Texto

_____
_____
_____
_____

Introducción

_____
_____
_____
_____

Anécdota

_____
_____
_____
_____

Cuerpo del Mensaje

a)_____
_____
_____

b)_____
_____
_____

c)_____
_____
_____

Aplicación de Mensaje y Llamado al altar

_____
_____
_____
_____
_____

BOSQUEJO PARA MENSAJE

Texto

_____
_____
_____
_____

Introducción

_____
_____
_____
_____

Anécdota

_____
_____
_____
_____

Cuerpo del Mensaje
a)_____
_____
_____

b)_____
_____
_____

c)_____
_____
_____

Aplicación de Mensaje y Llamado al altar

_____
_____
_____
_____
_____

BOSQUEJO PARA MENSAJE

Texto

_____
_____
_____
_____

Introducción

_____
_____
_____
_____

Anécdota

_____
_____
_____
_____

Cuerpo del Mensaje

a)_____
_____
_____

b)_____
_____
_____

c)_____
_____
_____

Aplicación de Mensaje y Llamado al altar

_____
_____
_____
_____

BOSQUEJO PARA MENSAJE

Texto

_____
_____
_____
_____

Introducción

_____
_____
_____
_____

Anécdota

_____
_____
_____
_____

Cuerpo del Mensaje
a)_____
_____
_____

b)_____
_____
_____

c)_____
_____
_____

Aplicación de Mensaje y Llamado al altar

_____
_____
_____
_____
_____

BOSQUEJO PARA MENSAJE

Texto

_____
_____
_____
_____

Introducción

_____
_____
_____
_____

Anécdota

_____
_____
_____
_____

Cuerpo del Mensaje
a)_____
_____
_____

b)_____
_____
_____

c)_____
_____
_____

Aplicación de Mensaje y Llamado al altar

_____
_____
_____
_____
_____

BOSQUEJO PARA MENSAJE

Texto

_____
_____
_____
_____

Introducción

_____
_____
_____
_____

Anécdota

_____
_____
_____
_____

Cuerpo del Mensaje
a)_____
_____
_____

b)_____
_____
_____

c)_____
_____
_____

Aplicación de Mensaje y Llamado al altar

_____
_____
_____
_____

BOSQUEJO PARA MENSAJE

Texto

_____
_____
_____
_____

Introducción

_____
_____
_____
_____

Anécdota

_____
_____
_____
_____

Cuerpo del Mensaje
a)_____
_____
_____

b)_____
_____
_____

c)_____
_____
_____

Aplicación de Mensaje y Llamado al altar

_____
_____
_____
_____
_____

BOSQUEJO PARA MENSAJE

Texto

_____

_____

_____

_____

Introducción

_____

_____

_____

_____

Anécdota

_____

_____

_____

_____

Cuerpo del Mensaje

a)_____

_____

_____

b)_____

_____

_____

c)_____

_____

_____

Aplicación de Mensaje y Llamado al altar

_____

_____

_____

_____

BOSQUEJO PARA MENSAJE

Texto

_____

_____

_____

_____

Introducción

_____

_____

_____

_____

Anécdota

_____

_____

_____

_____

Cuerpo del Mensaje

a)_____

_____

_____

b)_____

_____

_____

c)_____

_____

_____

Aplicación de Mensaje y Llamado al altar

_____

_____

_____

_____

BOSQUEJO PARA MENSAJE

Texto

_____
_____
_____
_____

Introducción

_____
_____
_____
_____

Anécdota

_____
_____
_____
_____

Cuerpo del Mensaje
a)_____
_____
_____

b)_____
_____
_____

c)_____
_____
_____

Aplicación de Mensaje y Llamado al altar

_____
_____
_____
_____
_____

BOSQUEJO PARA MENSAJE

Texto

_____

_____

_____

_____

Introducción

_____

_____

_____

_____

Anécdota

_____

_____

_____

_____

Cuerpo del Mensaje

a)_____

_____

_____

b)_____

_____

_____

c)_____

_____

_____

Aplicación de Mensaje y Llamado al altar

_____

_____

_____

_____

_____

BOSQUEJO PARA MENSAJE

Texto

_____
_____
_____
_____

Introducción

_____
_____
_____
_____

Anécdota

_____
_____
_____
_____

Cuerpo del Mensaje

a)_____
_____
_____

b)_____
_____
_____

c)_____
_____
_____

Aplicación de Mensaje y Llamado al altar

_____
_____
_____
_____
_____

BOSQUEJO PARA MENSAJE

Texto
_____
_____
_____
_____

Introducción
_____
_____
_____
_____

Anécdota
_____
_____
_____
_____

Cuerpo del Mensaje
a)_____
_____
_____

b)_____
_____
_____

c)_____
_____
_____

Aplicación de Mensaje y Llamado al altar
_____
_____
_____
_____
_____

BOSQUEJO PARA MENSAJE

Texto

_____
_____
_____
_____

Introducción

_____
_____
_____
_____

Anécdota

_____
_____
_____
_____

Cuerpo del Mensaje
a)_____
_____
_____

b)_____
_____
_____

c)_____
_____
_____

Aplicación de Mensaje y Llamado al altar

_____
_____
_____
_____
_____

BOSQUEJO PARA MENSAJE

Texto

_____
_____
_____
_____

Introducción

_____
_____
_____
_____

Anécdota

_____
_____
_____
_____

Cuerpo del Mensaje
a)_____
_____
_____

b)_____
_____
_____

c)_____
_____
_____

Aplicación de Mensaje y Llamado al altar

_____
_____
_____
_____

BOSQUEJO PARA MENSAJE

Texto

_____

_____

_____

_____

Introducción

_____

_____

_____

_____

Anécdota

_____

_____

_____

_____

Cuerpo del Mensaje

a)_____

_____

_____

b)_____

_____

_____

c)_____

_____

_____

Aplicación de Mensaje y Llamado al altar

_____

_____

_____

_____

_____

BOSQUEJO PARA MENSAJE

Texto

_____
_____
_____
_____

Introducción

_____
_____
_____
_____

Anécdota

_____
_____
_____
_____

Cuerpo del Mensaje
a)_____
_____
_____

b)_____
_____
_____

c)_____
_____
_____

Aplicación de Mensaje y Llamado al altar

_____
_____
_____
_____

BOSQUEJO PARA MENSAJE

Texto

_____
_____
_____
_____

Introducción

_____
_____
_____
_____

Anécdota

_____
_____
_____
_____

Cuerpo del Mensaje
a)_____
_____
_____

b)_____
_____
_____

c)_____
_____
_____

Aplicación de Mensaje y Llamado al altar

_____
_____
_____
_____
_____

BOSQUEJO PARA MENSAJE

Texto

_____

_____

_____

_____

Introducción

_____

_____

_____

_____

Anécdota

_____

_____

_____

_____

Cuerpo del Mensaje

a)_____

_____

_____

b)_____

_____

_____

c)_____

_____

_____

Aplicación de Mensaje y Llamado al altar

_____

_____

_____

_____

_____

BOSQUEJO PARA MENSAJE

Texto

_____
_____
_____
_____

Introducción

_____
_____
_____
_____

Anécdota

_____
_____
_____
_____

Cuerpo del Mensaje
a)_____
_____
_____

b)_____
_____
_____

c)_____
_____
_____

Aplicación de Mensaje y Llamado al altar

_____
_____
_____
_____

BOSQUEJO PARA MENSAJE

Texto

_____
_____
_____
_____

Introducción

_____
_____
_____
_____

Anécdota

_____
_____
_____
_____

Cuerpo del Mensaje
a)_____
_____
_____

b)_____
_____
_____

c)_____
_____
_____

Aplicación de Mensaje y Llamado al altar

_____
_____
_____
_____
_____

BOSQUEJO PARA MENSAJE

Texto

_____
_____
_____
_____

Introducción

_____
_____
_____
_____

Anécdota

_____
_____
_____
_____

Cuerpo del Mensaje
a)_____
_____
_____

b)_____
_____
_____

c)_____
_____
_____

Aplicación de Mensaje y Llamado al altar

_____
_____
_____
_____
_____

BOSQUEJO PARA MENSAJE

Texto

_____
_____
_____
_____

Introducción

_____
_____
_____
_____

Anécdota

_____
_____
_____
_____

Cuerpo del Mensaje
a)_____
_____
_____

b)_____
_____
_____

c)_____
_____
_____

Aplicación de Mensaje y Llamado al altar

_____
_____
_____
_____

BOSQUEJO PARA MENSAJE

Texto
_____
_____
_____
_____

Introducción
_____
_____
_____
_____

Anécdota
_____
_____
_____
_____

Cuerpo del Mensaje
a)_____
_____
_____

b)_____
_____
_____

c)_____
_____
_____

Aplicación de Mensaje y Llamado al altar
_____
_____
_____
_____
_____

www.ingramcontent.com/pod-product-compliance
Lightning Source LLC
Chambersburg PA
CBHW081239180526
45171CB00005B/479